# Strada di notte per la vita

Ferdinando Manzo

**Strada di notte per la vita**
Ferdinando Manzo

First edition 2016 published by Sydney School of Arts & Humanities
15-17 Argyle Place, Millers Point, NSW 2000, Australia

www.ssoa.com.au

ISBN: 9780994544148

Poems Copyright
© Ferdinando Manzo 2016

All rights reserved. Without limiting the rights under copyright reserved above, no part of this publication may be reproduced, stored in or introduced into a retrieval system, or transmitted, in any form or by any means (electronic, mechanical, photocopying, recording or otherwise), without the prior written permission of both the copyright owner and the publisher. Any unauthorised act in relation to this publication may be liable to legal prosecution. Email: enquiry@ssoa.com.au

Cover picture: Ferdinando Manzo
Cover design: Ferdinando Manzo

# Dedica

A mia nonna Titina, con la speranza di rincontrarci
sulla prossima strada per la vita
ne *L'alba di un giorno senza nome*.

Alla mia nipotina Ada, con l'augurio che trovi
la sua strada per la vita
senza *Rimorsi di ieri* o *Paura del domani*.

# Ringraziamenti

A mia madre e mio padre,
per avermi lasciato libero sulla mia strada per la vita.


A Mariella Parmendola, l'amica che mi supporta e
sopporta sempre e comunque.

A Melina Marquez, per il tempo che mi ha dedicato
dopo il lavoro, bevendo birra e leggendo le mie poesie.

| | |
|---|---|
| Prefazione | 10 |
| Il cammino della malinconia | 13 |
| Rovine | 14 |
| Il tentativo | 15 |
| La strega del narghilè | 16 |
| La scelta | 17 |
| Quelle notti | 18 |
| Un volo notturno | 19 |
| L'alba di un giorno senza nome | 20 |
| La porta sul mondo di un bambino | 22 |
| Rimorsi di ieri | 23 |
| Paura del domani | 24 |
| Oggi | 25 |
| La farfalla e il ragno | 26 |
| In un vuoto di memori | 27 |
| Canzone del gioco delle anime | 28 |
| Canzone del gioco delle anime | 29 |
| Hyde Park | 30 |
| Fantasmi e pistole | 31 |
| Nessy | 32 |
| Un gabbiano | 33 |
| Tu in un pensiero | 34 |
| Il mare dell'amore | 35 |
| La spiaggia dimenticata | 36 |
| Nuotando nell'abisso | 37 |
| L'oblio dei senza nome | 38 |
| La voce dell'universo | 39 |
| La luna scomparsa | 40 |
| Giove e Venere | 41 |
| La vendetta di Andromeda | 42 |
| Caos | 43 |
| Eclissi | 44 |
| Supernova | 45 |
| Una notte in un vetro | 46 |
| Il silenzio del vento | 47 |
| Il buio in un pub | 48 |

| | |
|---|---|
| La solitudine del bicchiere | 50 |
| Ricordi e ossessioni | 51 |
| L'ultima rosa | 52 |
| Lanterne rosse | 53 |
| Luci nella notte | 54 |
| Gli occhi di Venere | 56 |
| Vorrei dirti che... | 57 |
| Il cielo su di noi | 58 |
| Aspettando la pioggia | 60 |
| Io e te | 61 |
| Strada di notte per la vita | 62 |

# Prefazione

Dopo aver avuto il suo primo romanzo pubblicato in Italia lo scorso anno, Ferdinando Manzo è arrivato qui a Sydney in cerca di uno spazio per continuare la sua attività da scrittore.

Ha trovato una nicchia alla *Sydney School of Arts & Humanities* e in breve tempo ha prodotto un racconto breve in tandem con il soggetto del suo romanzo fantasy pubblicato in Italia, una storia di mare. Il racconto è intitolato *ARCO: la leggenda del vortice blue*. Ed è stato subito ben accolto.

Con il suo trasferimento dall'Italia all'Australia, Ferdinando Manzo è passato dal giornalismo, alla scrittura creativa. Ora arriva un libro di poesie, che mi induce a chiedermi come possa avere una tale agilità creativa che gli permette di passare da un genere all'altro producendo lavori così creativi, complessi e diversi fra loro.

Certo, i temi del mare e le emozioni, in particolare le gioie profondamente e le malinconie vissute dagli uomini, sono una costante della sua opera.

In *La strega del narghilè* il poeta conclude, 'la ricerca di un sogno già scomparso'. *Il mare d'amore* lo trova 'inseguendo il sogno che si ritira nella risacca di un'altra vita'. *In Hyde Park* lo spettacolo è intrigante ma finisce bruscamente una volta capito che la persone cercata, in realtà, non c'è. In un'altra poesia, *Perso nell'abisso*, scrive 'fantasmi volteggiano come ubriachi su una nave in un mare in tempesta'.

I pensieri di Manzo non sono vincolati solo alla fluidità; volano a più grandi altezze di euforia in poesie come, *Il cielo sopra di noi*, che visualizza 'un manto di stelle che brucia nel mio cuore' e nelle linee evocative di *Eclisse*: 'La luna, luminosa tra le palpebre del notte'.
Anche alla costellazione di Andromeda viene dato il giusto riconoscimento quando 'rompe le catene e si prepara per la vendetta,' prima di un'altra poesia, *La voce dell'universo,* che esplora 'un sogno nascosto, lontano come le onde nello spazio'.

La qualità distintiva di questa raccolta di poesie è la sua musicalità - il suono delle parole scelte con cura, e il loro ritmo. L'effetto piacevole della sensualità di suoni, che vanno dalla dolcezza al dramma del sesso, è in sintonia con la gamma delle emozioni umane. Forse l'abilità di Manzo di esprimersi con tale risonanza armonica è un tratto distintivo delle sue innate qualità di poeta capace di attingere, indifferentemente, alla sua lingua madre e alla sua lingua secondaria: l'inglese.

Qualunque sia la fonte, Ferdinando Manzo ha prodotto uno studio profondo dei sensi e delle emozioni umane che non può lasciare indifferente il lettore.

*Christine Williams*
*Direttore, Sydney School of Arts & Humanities*

**Il cammino della malinconia**

Non c'è altra vita
nella malinconia
di una stagione finita,
in una solitudine fatta di sorrisi,
donne, vino,
in cui ciò che si segue
è un finto cammino
vuoto
come ogni giorno che ti ha tradito
scuro
come i colori della vita nell'inchiostro di una penna
futile
come la dolcezza che entra nel tuo letto
e vorresti fermare per un momento:
così veloce da essere impercettibile,
così intenso da essere eterno.

**Rovine**

Storie nella penombra
di sentimenti accantonati.
Storie nate per vendetta,
che scorrono come un fiume
sotto una lastra di ghiaccio.
Storie consumate con lamento.

Storie che si tradiscono col pensiero
in un momento di piacere,
alla ricerca di un ansimo conosciuto
fra lenzuola dimenticate
di stanze abbandonate,
scivolando, distratti,
sulle rovine di un amore
nel ricordo di un dolore
nella ricerca di un'illusione.

## Il tentativo

Ho cercato di capire,
di guardare tra le ombre
oltre le emozioni.
Ho tentato di sentire
quel soffio lento che profuma di vita,
quella nota stonata in una melodia.
Ho provato a guadare il pregiudizio
fra le correnti dell'accidia
che sfociano in onde di ipocondria.
Ho sperimentato la vacuità di un'ora
rinchiusa fra le lancette d'oro
di un orologio di diamanti.
Ho tentato di tutto —
Ma non sono riuscito ad afferrare
quell'improvviso, unico momento
così profondo e razionale
che porta alla verità.
Alla pazzia.

## La Strega del narghilè

Negli occhi di una folla festeggiante
inebriata di riso artificiale,
lei fumava il narghilè del desiderio,
Vodka distillata con sensualità,
mentre il fumo circondava la stanza,
come nubi sottili gravide di passione.
Consumate nell'ansia
guardando lei,
la visione mai trovata
svanita fra il profumo di ciò che brucia
fra il filtro e la cartina,
come una realtà sospesa
fra l'oggi e il domani
fra il possibile e l'impossibile.
Su un nastro di passione,
che si stende in una notte
fra le auto che sfrecciano verso casa
alla ricerca di un sogno
già svanito.

**La scelta**

Ero solo
con la malinconia
con quel senso di vuoto che ti prende
in quelle sere che non sai,
che nessuno sa,
che vorresti,
che tutti vorrebbero,
quelle sere che hai bisogno
di qualcuno o di qualcosa.
Di te o di un pub.
Ti ho pensato, ti ho guardata
in quella foto mai sbiadita nel pensiero.

Ero combattuto
fra la voglia e l'orgoglio,
fra il desiderio e la pigrizia.
Ho pensato a casa tua,
a quello che avrei trovato
se fossi venuto da te.
Il tuo abbraccio
i tuoi baci
il tuo sorriso
il tuo viso
le tue labbra
i tuoi occhi.

Se fossi venuto avrei trovato te
semplicemente te
solamente te.

Al pub, avrei trovato
tante te e qualche bottiglia.
E ho scelto…

**Quelle notti**

Quelle notti passate all'angolo di una strada
guardando il fumo confondersi nell'aria
come idee incomplete,
pensieri fuggiaschi
dalla prigione di una vita
trascorsa alla deriva
sulla strada dei ricordi
cavalcando rimorsi
giocando con ore senza sapore
prive di passione
gonfie di delusione
divorate dalla noia
di una radio che suona
la tristezza di una strofa
l'assurdità di una poesia
l'inutilità del tempo
andato via seguendo
non la sorte
ma l'agonia.

**Un volo notturno**

Vorrei riuscire a catturare
la sensazione di un volo notturno
fra sogni e paure,
fra ansia e piacere
in un sospiro non dovuto
in una passione appena nata
in un abbraccio senza impegno
che diventa infinito per un momento.
Nel sorriso di un volto sconosciuto
che scompare al mattino
in un'auto che trasforma
il desiderio in ricordo,
l'amore in utopia.

**L'alba di un giorno senza nome**

Nell'alba di un giorno senza nome
vorrei incontrarti

Per dimenticare il dolore
e carpire l'essenza
di un bacio lanciato
nella solitudine di un ballo
cui la morte non lesina affanno
fra un coro di voci
che diventano lontane.

Nell'alba di un giorno senza nome
vorrei incontrarti

Per sentire ancora vivo
l'amore di un sorriso
che fugge come l'ultimo respiro
dal limbo di un mondo chiuso in una stanza
che apre il cielo,
riporta all'infanzia,
a un profumo di lacca.

Nell'alba di un giorno senza nome
vorrei incontrarti

Per allontanare dal tuo viso
quella tempesta di ricordi
che squarcia nuvole di pianto
nella solitudine di un parco
in quel un giorno che ho mancato
ma in cui al solito ti ho adorato
come il bambino cui stringevi la mano

Nell'alba di un giorno senza nome

Vorrei incontrarti

Per abbracciarti e dirti addio:
Ciao nonna.

## La porta sul mondo di un bambino

(A mia nonna)

Con te si chiude per sempre quella porta
che trascina via l'infanzia
i sogni, le fantasie.

Con te si chiude per sempre quella porta
sulla spensieratezza di un bambino
che cercava avventure alle spalle di un divano
che cacciava misteri in stoviglie esposte e mai usate
che trovava tesori di cioccolata in mobili invecchiati.

Con te si chiude per sempre quella porta
sulle scoperte di un bambino
per le lettere scritte a mano, spedite in un paese lontano
per il laboratorio di artigianato fra le mure di una stanza
per quel mondo che si apriva giocando sulla veranda.

Con te si chiude per sempre quella porta
sul tutto il mondo di un bambino,
lasciando dolore e sorriso.

**Rimorsi di ieri**

Credeva di poter guardare nello specchio
un altro volto di sé stesso
credeva di poter sentire in una conchiglia
il flusso della vita
credeva di poter toccare in un viso
la dolcezza di un sorriso
credeva di poter respirare da un germoglio
il profumo dell'infinito
credeva di poter trovare la verità
nella ricerca dell'Aldilà.
Credeva di poter
ma morì senza sapere.

**Paura del domani**

Passeggiando su George street
un uomo impaurito incontrò un barbone
che contava i suoi spicci, leggeva Hemingway
e beveva vino.
Con una mano aperta il senzatetto gli disse:

Dammi un bicchiere.
Ci verserò dentro l'acqua di un lago e la lancerò
sul fondo di un vulcano.
Estinguerò la sua fiamma
che brucia senza tempo.
Per sempre.

Dammi una bottiglia.
Ci chiuderò dentro la tempesta e la getterò
in fondo al mare.
Resterà lì
nell'oblio dei relitti e delle anime perse.
Per l'eternità.

Dammi una botte.
Intrappolerò cento uragani e li scaraventerò via
sulla luna.
Spazzeranno
il suo volto oscuro, nel deserto dove nessuno li udirà.
Mai più.

Ma non darmi le tue paure.
Di quelle non so che farmene.
Sono tue. Tienitele pure.
Io ho gli spicci da contare, il libro da leggere
e la bottiglia da finire.
Ognuna di queste cose è più reale delle tue paranoie.

**Oggi**

Perché
Io posso,
merito,
ho bisogno,
voglio.
Perché
non è ieri,
non è domani.
È solo oggi.
E oggi
è sempre
il giorno perfetto.

**La farfalla e il ragno**

Ti chiesi di cogliere il sospiro improvviso di un bruco
mentre si trasforma in farfalla,
impaurito e perso nella sua tela
in attesa del nuovo giorno
che pur arriverà dopo un letargo
lungo e ansioso,
gonfio di angoscia e solitudine
di mistero e ignoto,
di dolore e cambiamento.
Grigio lamento.

Tu preferisti il bagliore costante negli occhi di un ragno
audace e spavaldo nella sua tela
mentre aspetta il sicuro pranzo.
Bramoso
desideroso
voglioso,
qualunque sia la preda:
un grillo
una mosca
o una zanzara.

La farfalla volò via.
Il ragno morì.
Di noia.

**In un vuoto di memoria**

In un vuoto di memoria
ho trovato me stesso

guardando in uno specchio sconosciuto:
un volto dimenticato
un nome mai imparato
una cicatrice non notata
un dolore non provato
uno schiaffo non sferrato

la pistola che non ho comprato.

In un vuoto di memoria
ho trovato me stesso

accostando con un gesto involontario:
il bicchiere alla bottiglia
le labbra ad un amore
il sospiro alla passione
il sonno al torpore
il sorriso al dolore

la pistola al cuore.

In un vuoto di memoria
ho trovato me stesso.

Ho sparato.

## Canzone del gioco delle anime

Il fumo esala da una candela
abbandonata nell'angolo
della sala giochi
di una nave inabissata
fra un passato dimenticato
un tesoro non trovato
un presente senza tempo
ciclico nel suo senso.

Una banda di anime doloranti
suona catene come corde di un violino
e brinda con calici privi di vino.

La roulette gira senza sosta,
il croupier lancia la pallina
e un'ombra si avvicina.

Il monaco al Black Jack rilancia
tenta il doppio e chiama carta
invocando Dio per un asso mai servito.

Ballerine deperite ballano il can can
in abiti a brandelli
grigi come i loro anni ribelli.

C'è chi mostra l'orologio sognando il divorzio
chi nasconde l'anello per entrare nel bordello
chi ruba con destrezza nella bara aperta.

Cobra, il capitano, è ubriaco
urla che il vento è ritornato,
dall'abisso s'è levato.

Ma la danza continua senza fiato

come l'ora che segna il tempo
sul muro di un mondo senza senso.

Quando si spegne la candela
nella sala cala la sera.
E non resta che la cera.

## Hyde Park

Camminavo nel parco
ascoltando le storie del vento
che cantava fra alberi indifferenti
guardando lo zampillo della fontana
sputare contro passanti e turisti.

Ho visto un maestro d'orchestra dirigere clacson nervosi
in un incrocio del centro
mentre nuvole di fumo avvolgevano la strada.

Ho visto il cavallo bianco saltare sulla scacchiera,
mangiare la sua regina e volare via
abbracciato all'alfiere nemico.

Ho visto il Minotauro correre verso il campanile
di Saint Mary e ferirsi tirando testate
ai cancelli della chiesa.

Ho visto un alcolizzato scolare la bottiglia e alzarsi
per porgere un fiore alla donna ferita
che trascinava sui tacchi la sua disperazione.

Ho visto le lacrime argentate di un bruco, costretto
fra la tela e il buio, dimenarsi disperato
per non diventare farfalla.

Ho visto...
No.
Mi sono voltato,
ti ho cercata, tu non c'eri.
Me ne sono andato.

**Fantasmi e pistole**

Spara!
Ai fantasmi affamati
che vivono nel limbo
del Samsara
in un circo temporale.

Spara!
Fra quei morti che camminano
e quelli che non respirano
ossessionati da quanto non trovato
quando le mani luccicavano di ori e amori.

Spara!
A quei fantasmi che t'amavano
trasformando il sangue in assenzio
versando lacrime d'incenso,
bruciando fiamme di non senso.

Spara!
Ai fantasmi che non t'hanno aspettato
quando le luci ti coprivano di buio
e seminavano dolore
parlandoti d'amore.

Spara!
Ai loro visi che ora offrono sorrisi
a padroni travestiti
da regine della notte
accettando banconote di parole.

Spara!
Ai fantasmi:
a lei, a te, a me.
Spara... Spara...

**Nessy**

In un vizio latente trascinato
vita dopo vita
trovò Nessy in un lago di pensieri
rinchiusa nel luna-park dei pazzi,
legati come cani
al guinzaglio di diseredati.

Guardava la rugiada vellutata
inondare le catacombe
dei venditori di profumi
mentre stormi di uccelli
volteggiavano nel cielo
macchiato di sangue.

La luce flebile dei pianeti si disperse
nel chiarore delle stelle.
Fulmini le colpirono
caddero, bruciarono,
come una pioggia di fiaccole roventi
divorarono la terra.

Il vento spazzò via la rugiada
ululando come un lupo affamato.
Il cielo si zittì.
Arrivò la notte.
Nessy svanì.
E fu notte.

**Un gabbiano**

Ti ho amato,
così intensamente
da crederti,
così profondamente
da vederti,
così pazzamente
da sentirti,
così stupidamente
da seguirti
nel battito d'ali di un gabbiano
nel suo stridulo stonato
nel suo planare fuorilegge
incurante della gente
del mare in tempesta
del sole
a cui hai chiuso la finestra.

**Tu in un pensiero**

Tu in un pensiero
sfuggente come un amore
intenso come un dolore
poi soltanto la memoria,
regista di sogni malati,
mai abbandonati
mai curati
sempre in attesa
come la Mantide in una ragnatela
filata con piaceri ossessivi.

Un incubo rinchiuso in un viso
che non si può carezzare
né dimenticare,
come una fobia
vissuta nel canto ansioso delle cicale,
distrutta dal ruggito rabbioso del mare.

**Il mare dell'amore**

Mi hai seguito
calpestando orme impresse nella sabbia del mio passato.
Mi hai amato
guardando l'onda spazzare la battigia del nostro presente.
Mi hai abbandonato
scivolando fra la bruma che si insinua nella notte dell'esistenza.
Ti ho stretta
immobilizzato fra le rocce come un'ancora perduta
fra i ricordi.
Ti ho aspettata
rincorrendo la schiuma che si ritira nel flusso
di un'altra vita.
Mi sono perso
annegando nella corrente che spinge verso il profondo della solitudine.

**La spiaggia dimenticata**

Sulla spiaggia dove le onde portano
la voce dei bambini
fra lo stridulo dei gabbiani;
il sorriso dei loro anni non vissuti
fra la schiuma salata che si infrange fra le rocce;
la libertà dei loro sogni
nella sabbia bagnata dalla frizzante spuma bianca;
la speranza dell'ignoto
risucchiata nella risacca
che trascina sogni, futuro e amore
in un unico vortice di indifferenza.
Lì
su quella spiaggia
ho visto nascere un fiore
l'ho chiamato domani.

**Nuotando nell'abisso**

Ha detto ciao
ha fatto il passo
lo so, l'ho visto,
l'ho incontrato,
mi ha parlato
ero solo
camminavo nelle strade di madonne carcerate,
supplicanti
attraverso le vetrine di negozi
chiusi per la sera
illuminati con ceri,
come i cimiteri dimenticati
dove c'è più birra che preghiera
dove gli spettri volteggiano
come ubriachi su una nave
in un mare in tempesta
con la testa alla barista sorridente
che versa desiderio,
distilla gelosia,
svuota la bottiglia.
Lì fra infusi di rugiada
cadono petali dilaniati
da lacrime taglienti,
da parole sofferenti
tenebrose
come il mare nella notte
dove la mente soffre.
Lì è andato,
ha nuotato,
e dall'abisso è tornato.

**L'oblio dei senza nome**

Una catena di parole che si rincorrono
più veloci dei pensieri,
più inutili dei sogni,
più reali dei desideri.

Paure su cartelli colorati a pastello.
L'ansia di un bambino
la sofferenza.
Poi il suo cammino.

Un viaggio sordo
come la speranza che naufraga
fra le onde dell'indifferenza
nell'acque di nessuno,
nei numeri di qualcuno.
Nell'oblio dei dimenticati.

**La voce dell'universo**

Le lacrime rosse,
le lacrime vere,
caddero sulla lapide
del sognatore
che credette
di vedere le stelle
nelle laterne sul lago
fra reti e pescato
fra notte e follia
in un sogno velato
celato, lontano
come le onde
ascoltate nello spazio
in apparenza senza senso
ma voce dell'universo.

**La luna scomparsa**

Quando la luna voltò le spalle alla notte,
si portò via tutto,
anche i miei sogni.
Le illusioni e le speranze li seguirono
trascinate dal guinzaglio dello smarrimento,
quello dove vivo senza te.

**Giove e Venere**

Fra le lenzuola splendenti della via Lattea
Giove incontra Venere —
un riflesso, il bagliore
e nel cielo appaiono come due stelle
vicine e lucenti.
Così vicine che sembra si tocchino.
Così lucenti che sembra si specchino.
Così vicine che sembra facciano l'amore.
Così lucenti che sembra l'abbiano già fatto.

**La vendetta di Andromeda**

Su un palco di pianeti
accompagnata da un coro di serpenti
Medusa suona
il canto della vita.
Perseo fugge
disperato
la balena
si nasconde impaurita
Cassiopea ha traslocato
in una galassia lontana.
La luna divertita
danza
in un silenzio assordante
guardando fra le onde.
Andromeda ha rotto le catene
è pronta
per la sua vendetta.

**Caos**

Guardando nei miei occhi
hai visto la mia anima.
In un buco nero,
in una notte oscura
sei stata l'unica fuga

Hai trovato la mia vita
fra molte altre vite
saltando nel tempo,
nell'eco di voci disperate
nel tintinnio di vetri abbandonati.

Tu, hai visto una stella danzante
nel caos della mia mente.

**Eclissi**

Era notte e c'erano le nuvole.
Lui aspettò. In silenzio, aspettò.

Timide le stelle aprirono il manto oscuro.
Lui camminò. Lento, camminò.

Arrivò la luna, luminosa fra le palpebre della notte.
Lui corse. Veloce, corse.

Piombò l'eclissi. Il buio.
Lui cadde. Improvvisamente, cadde.

La notte passò e il sole si rialzò.
Lui era morto. Nell'eclissi, era morto.

**Supernova**

Una luce danza nello spazio:
i tuoi occhi,
il tuo viso
nel sangue
di una stella
lontana come un sole.

Un'ombra nella bandiera:
sventola solitaria
sul vulcano lunare
che brucia isolato
sotto nuvole di fumo.
Niente pioggia.

Io, tu, i fantasmi,
anime perse di pirati,
fiamme guizzanti
il ghiaccio congela lo spazio,
una cometa sputa su un pianeta
fuoco nel lago nero

Guarda, guarda, guarda
È buio
Corri, corri, corri
È caldo
Urla, urla, urla
È esploso

È un sogno
come una vita
sulla strada dei pazzi
in un campo di matti
fissando incantati
l'ultima Supernova.

**Una notte in un vetro**

Fra le note stonate di un jukebox malato
Fra l'odore di birra impregnato sul pavimento
non curato
Fra le voci di persone non trovate
sedute in pose non conosciute
Fra nomi dimenticati
come baci non dati
Fra desideri non appagati
come drink non bevuti
Fra sorrisi sintetizzati da sogni pagati
come il sesso non trovato e poi comprato
Fra i ricordi dimenticati di una vita non vissuta
Fra i volti di donne amate e poi scordate
fra quelle volute e mai possedute
o possedute e mai avute
ho trovato una vetro.
Ho guardato dentro
ho visto del rum
ho bevuto
ho sognato
ho goduto.
Era mio.
Ero io.

**Il silenzio del vento**

In silenzio,
il vento soffia
fra la folla.
Ancora

fra una cupola di rumori
in un vuoto riempito di voci
che si mischiano in toni
in lingue
in risate sguaiate
in lacrime sopite
in birra e alcol

in riflessi di felicità spontanea
come una bottiglia appena aperta
in ricordi lontani,
come una bottiglia mai finita
in parole conosciute
come una bottiglia già bevuta
in dolore profondo
come un bicchiere che si riempie.

In silenzio,
il vento soffia
fra la folla.
Sempre.

## Il buio in un pub

Cercando il sole nel buio di un pub
umido, bagnato dalla birra versata
per quelle lacrime non piante
per quel desiderio sopito
per quel giorno mai arrivato
per quel momento già passato
per quell'attimo non vissuto
per quel secondo ormai perduto
per quell'occasione non concessa
per quella punizione non richiesta
per quel premio non capito
per quel minuto tradito
per quel ricordo ferito
per quel lavoro patito
per quella parola avvelenata
per quella freccia mai scagliata
per quel fiore mai spedito
per quell'amico che ha tradito
per quel tesoro non trovato
per quel conto mai pagato
per quella donna già partita
per quel gioco ormai usato
per quel vestito mai indossato
per quell'auto non comprata
per quell'anno trapassato
per quell'anello mai dato
per quel diamante rifiutato
per quel tempo già passato
per quel domani inaspettato
per quel sogno dimenticato
per quel fiume mai guadato
per quella partita non giocata
per quell'incontro rinviato
per quell'appuntamento saltato

per quella promessa disattesa
per quella speranza attesa
per quella voglia rubata
per quel terrore accarezzato
per quella noia mai cacciata
per quella solitudine gustata
per quella compagnia non voluta
per quella domanda temuta
per quell'ansia cresciuta
per quella bottiglia ormai finita.

Per quel rimpianto.
Per quel dolore.
Per quell'amore.
Per quella scusa.

Solo per un altro bicchiere.

**La solitudine del bicchiere**

Sul tavolo di marmo
quando l'ultima goccia evaporò,
il bicchiere restò solo
finto
arido
freddo
opaco.

Nell'ombra
di desideri incapaci di volare,
di pensieri ipotetici morti di parto,
sprofondati nell'ambra,
rinchiusi nella bottiglia
rimasta a metà
sul bancone del bar.

**Ricordi e ossessioni**

No. Non sono io, sono loro che ritornano.
Sempre.
Sono i ricordi
i sogni
le trame di una vita mai avuta
che si ingarbugliano più di quella passata.
Io sono là. Li guardo. Li vivo.
Come se fossero reali.
Fantasmi che si impossessano del mio corpo
succhiandomi l'anima.

E tu?
Mi chiedi di parlare, di dire, di raccontare …
Ho gettato al vento troppe parole
tante
da riempire una betoniera.

E ora che vorresti?
Che ti dicessi sì.
Sono pronto.
Ho voglia di parlare, di dire, di raccontare.
No.
Sono stanco. Troppo stanco.
Ora ho solo voglia di bere.
Da solo.

Non mi cercare.
Non mi troveresti.
Non mi troveresti
neanche se rivoltassi la bottiglia
sottosopra.

**L'ultima rosa**

Una rosa cadde nel bicchiere

galleggiò mischiandosi col ghiaccio
serfò cavalcando il rum
si adagiò confondendosi nei miei pensieri.

E la tua forma apparì come un disegno
astratto
come il volo di un uccello
inconsistente
come un messaggio nel cielo
fumoso.

Poi il rum svanì
come la rosa
che non ti ho mai regalato
ma ho sempre portato
come un anello.

Una rosa cadde nel bicchiere

macerò nel ghiaccio
appassì nel rum
affogò nelle illusioni.

**Lanterne rosse**

Lanterne rosse danzano nel silenzio.
Soffia il vento
si posa la tramontana,
un gabbiano s'alza in volo,
un'immagine opalescente, la tua.
Un sorriso, poi uno sguardo.
Il desiderio.
Ancora il silenzio.
Il vento,
una tempesta di sabbia.
Il gabbiano scompare
fra nuvole rade.
La mia anima è lì
fra i granelli.
Sabbia nella sabbia
impalpabile.
Lanterne rosse danzano
nel silenzio.
Soffia il vento
si dissolve l'illusione.

## Luci nella notte

Poi una sera ti incontrai
nel riflesso delle case,
sfrecciavano veloci
colorando il finestrino del bus.

Vidi il tuo sorriso
nella caligine dei fari,
lucenti
nelle lacrime di pioggia
sul vetro velato di smog.

Sfiorai le tue labbra
nell'umidità dell'aria
salata
che appannava lo sguardo
mentre il freddo copriva il silenzio.

Sentii il tuo ansimo di piacere
nello scricchiolio dei sedili
sollecitato
da frenate irresponsabili
di un autista distratto.

Assaporai il tuo profumo
in un mare di odori e sudori
vellutato
nella tua pelle macchiata di voglie
come i seggiolini imperfetti.

Ti assaporai,
ti sentii,
ti sfiorai,
ti vidi...
andar via.

Con un tocco distratto
svanisti alla fermata,
indifferente,
come le luci
della città di primo mattino.

**Gli occhi di Venere**

Dipingevo sogni su una tela di birra
guardando il volto di Venere alla parete digitale.
Scrutando
il mare nell'universo dei suoi occhi
ho udito le onde carezzare l'arena
ho sentito il sale pizzicare la pelle
ho visto la luna spennellare d'argento il blu profondo.
Accecato
mi sono perso,
poi annegato,
infine svegliato.
E tu, Venere, tu eri lì
difronte a me
reale come
il mare nell'universo dei tuoi occhi.

**Vorrei dirti che…**

Vorrei dirti che…
Sussurrando nella notte
fissandoti incantato.

Vorrei dirti che…
mentre dormi
nell'altra metà del letto.

Vorrei dirti che…
mentre sogni
appena vicino al mio petto.

Vorrei dirti che…
baciandoti la schiena
carezzandoti la pelle.

Vorrei dirti che…
durante la notte
in un leggere sospiro.

Vorrei dirti che
ti amo.

## Il cielo su di noi

Guarda il cielo stanotte,
che note!
Guarda le stelle,
brillano serene
splendono su di noi.
Ridono di me
ridono di te
ridono di noi.
Lo so, Lo sai.

In questa notte che prende,
che unisce
e poi svanisce
vorrei chiederti
perché il mio tempo
è volato via nel vento
Tu non risponderesti
e forse non lo sapresti.
Lo so, lo sai.

Ti aspetterò,
tu non verrai
mi cancellerai,
ma ricorderai.
Forse riderai,
di me
di te
di noi.
Lo so, lo sai.

Guarda il cielo stanotte,
che notte!
Io lo accarezzerò,
lo bacerò.

Tu muta guarderai,
mi vorrai,
poi rinuncerai
e te ne andrai.
Lo so, lo sai.

Eppure io ti cercherò
ancora
perché il tuo sguardo
è di stelle un manto
e brucia nel mio cuore
che non vede più il sole
e lento muore —
il tuo bagliore
è la fiamma del suo dolore.

**Aspettando la pioggia**

Ovunque. Riconoscerei la nuvola dorata che portò
la pioggia nel prato coperto da steli e capelli,
cullati da una brezza salata.

Arrivò inattesa, come un temporale tropicale.
Piovvero gocce lucenti,
come raggi di sole sulla cresta delle onde.

Una tempesta di diamanti immaginari
che riempirono le notti dell'etere di rose e silenzi.
Passioni e paure.

Sotto una tovaglia bianca d'orizzonte,
cerco la nuvola d'oro.
Aspetto la pioggia.

**Io e te**

Io sono in te,
tu sei in me
come l'acqua che dà la vita
come il sole che la riscalda.

Le nostre anime hanno vagato
nell'oscuro spazio del tempo
per raggiungere il santuario del destino.
Vita dopo vita,
bugia dopo bugia.
Attratte da un giogo gravitazionale
che non conosce distanze e passa ogni barriera.

Mosse da un moto perpetuo,
danzeranno insieme
nella casa dello zodiaco
accompagnate
da un'orchestra di pianeti.
Fra comete volteggianti
vivranno momenti eterni

Fino alla fine del tempo
quando la dolce notte,
le abbraccerà e voleranno
fra il silenzio delle stelle
illuminate
da una fiamma senza tempo:
il nostro amore.

**Strada di notte per la vita**

È Notte. Bé, un po' notte per me lo è sempre stato. Anche a mezzogiorno. D'estate. Quando il sole sferzava gli scogli della barriera frangiflutti che riparava la spiaggia dalle rivendicazioni rabbiose di un mare brutalizzato dalla mano incurante dell'uomo.

Anche allora. Anche ora.
La notte è un manto e non avvolge solo il cielo, la terra, gli alberi o i morti pronti per la sepoltura.

La notte avvolge le anime.

E la mia non ha mai fatto nulla per gettare via il suo sudario oscuro.

Bevo. Bé, un po' ho sempre bevuto. Anche quando avevo compagnia. Amici. Quando si andava in giro a zonzo, si rideva, si scherzava o si dava del serio ad una accozzaglia di illusioni, franose come costoni sabbiosi sotto una pioggia torrenziale.

Anche allora. Anche ora.
La bottiglia non è un recipiente che contiene solo alcol, acqua, succhi di frutta o urina per le analisi.

La bottiglia contiene le anime.

E la mia non ha mai fatto nulla per trovare l'uscita dal suo labirinto di specchi.

Sono in strada. Bé un po' in strada lo sono sempre stato. Anche quando avevo una casa. Una famiglia. Quando c'erano le feste, i cenoni e si cantava, sotto un tetto vestito d'occasione, illuminato da sorrisi dubbi.

Anche allora. Anche ora.
La strada non corre solo per le auto, per le merci che viaggiano da un capo all'altro del paese o per gli animali che vanno al macello.

La strada corre per le anime.

E la mia non ha mai fatto nulla per odiare la solitudine dell'asfalto.

L'ha amata di un amore egoistico e ossessivo. Possessivo. Fino al limite. Fino a trasformarla in estate, amici, casa, famiglia.

Vita.

# Dallo stesso autore

### "L'uomo che salvò il mondo"

Il mondo. Quello che resta dopo anni di una guerra atomico-batteriologica è un lenzuolo di terra diviso in tre villaggi. Tre. Come le alleanze che si sono sfidate nel terzo conflitto mondiale: i Bianchi, i Gialli e i Neri. Scienziato militare, il protagonista è di turno nel piccolo ospedale dei Bianchi quando un uomo arriva al villaggio ed è costretto ad una quarantena cautelativa. Nessuno conosce la sua vera identità: è il potente generale XY, ex capo dei Bianchi che aveva inscenato la sua morte prima armistizio. Con sé ha delle fiale di un virus letale e sconosciuto. Inizia, così, un'odissea da fine del mondo nella quale si intrecciano più destini. Storie di amori infelici, solitudini e colpi di scena. Più gialli in uno.

**Categoria:** FICTION THRILLER/SCI-FI/POST-APOCALYTIC

# ARCO:
### la leggenda del vortice blue

Un veliero che affronta una tempesta in mare aperto. Quella barca attraversa le contraddizioni esistenziali dei protagonisti di questo racconto in cui si intrecciano più storie. Amori infelici, ricerche riuscite e fallite su uno sfondo onirico che avvince chi sale sul vascello per rivivere le emozioni di un pescatore dal sogno infranto nel più tragico dei modi.

Tutto comincia da un incontro casuale. Il protagonista disperatamente prova a raggiungere il vortice blu, sperando di ritrovare la felicità a costo di pagarla col prezzo della vita. Una strada che gli indica un pescatore conosciuto per caso, ma che riesce in poco tempo a irretire il protagonista nella sua rete con un racconto tanto incredibile quanto affascinante. Quel tanto che basta, toccando i tasti dei suoi ricordi più profondi, per ridare spazio alla speranza.

**Categoria:** FICTION MAGICAL REALISM/ROMANCE/FANTASY

# Dallo stesso editore

# Angela's anorexia: the story of my mother

A son's story of the debilitating illness, anorexia nervosa, that his single mother suffered from throughout his childhood. The mother and son formed a close bond and the boy's description of their life together is filled with both joy and sadness. A true story showing the boy's experience of growing up fast in Australia and New Zealand, caring for his mother while coming to understand her sickness and his need to develop an independent spirit early on.

**Damian Cooper** has written a straightforward, honest and loving account of his boyhood, set against a poignant parallel story of his mother's excessive focus on body image, food, diet and exercise.

**Category:** SELF-HELP/EATING DISORDERS AND BODY IMAGE

# Burma my mother And Why I Had to Leave

Myanmar's future is informed by its past - and BURMA MY MOTHER tells it like it is.

A valuable story of living through good times and plenty of bad in Burma, now known as Myanmar, before an escape to a new life of freedom.

Author **Sao Khemawadee Mangrai**'s husband, Hom, was imprisoned for 5 years, and his father was shot and killed sitting alongside independence leader, General Aung San, when he was assassinated.

Khemawadee grew up in a Shan state in the north-east of Myanmar, previously known as Burma, and now lives in Sydney. Her sad memories are also infused by the beauty of the country and the grace of Myanmar's Buddhist culture.

**Category**: MEMOIR

# Drenched by the Sun

Syam Sudhakar 'has an eye for the strange and the uncanny and a way of building translucent metaphors,' according to leading South Indian poet, K. Satchidanandan.
Sudhakar's poetry draws on his cultural roots in Kerala as well as the splendor of its natural habitat. Palms, green paddy fields, mountain country, tropical downpours, the sun, the sea, shooting stars and even an enchantress all make their appearance.
**Category**: POEMS

# Road to Rishi Konda

'Road to Rishi Konda' by **Geetha Waters** is a memoir of insight and charm, with a serious educational purpose. The author recalls delightful and stimulating stories from her childhood to throw light on the work of the philosopher J. Krishnamurti as a revolutionary 20th century educator.

At once fascinating and enchanting, Geetha Waters' stories centre on a girl growing up in Kerala and Andhra Pradesh in the '60s and '70s.

These youthful tales are underpinned by Geetha's deep understanding of childhood education, based both on her academic studies and in practice in her daily life as a mother and childcare professional. Written from a child's perspective, the tales of awakening to life offer the reader an opportunity to appreciate how all children learn, as they draw on a deep well of curiosity that needs to be respected.

**Category**: MEMOIR/BURMA-HISTORY

# Road to Mandalay Less Travelled

'The Road to Mandalay Less Travelled' by **Ingrid Raj** provides research on a selection of Anglo-Burmese writing published from the period of British rule up in Burma up until 2007. What Raj shares with us in this study is the knowledge she gained about the value of social resistance achieved through writing. Both fiction and non-fiction texts are included in arguing a case that these might be viewed as tools of often ambivalent resistance against oppressive regimes, both local and colonial. Her research deserves a wider readership than was initially provided, and to this aim Sydney School of Arts & Humanities presents the work as its first publication in this new category of Essays & Theses. We hope that specialist researchers as well as members of the general reading public take this opportunity to learn more about the culture of the people of Myanmar through their unique approach to storytelling, based largely on their religious understanding, their chequered history.

**Category:** MEMOIR/LITERATURE/BURMA-HISTORY

# Jiddu Krishnamurti World Philosopher Revised Edition

The life of the 20th-century philosopher Jiddu Krishnamurti was truly astonishing. As this new updated edition shows, people from all over the world would gather to hear him speak the wisdom of the ages. Biographer **Christine (CV) Williams** carried out research over a period of four years to write this ebook account of Krishnamurti's life. She studied his major archive of personal correspondence and talks, and interviewed people who knew him intimately.

Krishna was born into poverty in a South Indian village, before being adopted by a wealthy English public figure, Annie Besant. As an adult he settled in California, travelling to India and England every year to give public lectures that inspired spiritual seekers beyond any single religion.

**Category:** BIOGRAPHY

www.ingramcontent.com/pod-product-compliance
Lightning Source LLC
LaVergne TN
LVHW041457070426
835507LV00009B/651